Herzlichen Dank an Marie Widén und Lennart Engstrand vom Botanischen Garten der Universität Lund, die unseren Text sachlich überprüft haben.

Weitere Informationen zum Kinder- und Jugendbuchprogramm der S. Fischer Verlage finden sich auf www.fischerverlage.de

Erschienen bei FISCHER Sauerländer

Titel der Originalausgabe: Humlans herbarium

Übersetzung aus dem Schwedischen: Angelika Kutsch

Umschlaggestaltung, Layout und Satz:
Norbert Blommel, MT-Vreden
Printed in China

ISBN 978-3-7373-5528-5

Stefan Casta Maj Fagerberg

Auf der Hummelwiese

DAS GROSSE HERBARIUM

Aus dem Schwedischen von Angelika Kutsch

SAUERLÄNDER

Inhalt

Willkommen in der Welt der Blumen

Dieses Buch ist etwas Besonderes, wie du bald merken wirst. Es erzählt von etwas sehr Zartem, das mit uns auf dieser Erde lebt: den Wildblumen. Sie wachsen schon seit Tausenden von Jahren in der Natur, obwohl niemand sie gepflanzt hat.
Es soll aber mehr sein als ein gewöhnliches Buch zum Lesen. Es kann auch als Herbarium benutzt werden, also als Sammlung von getrockneten Pflanzen. Wenn du magst, kannst du dazu Blumen pflücken und sie hinten im Buch pressen. Danach kannst du sie auf den passenden Seiten unter dem Seidenpapier einkleben. So wird das Herbarium der kleinen Hummel dein eigenes Herbarium. Und die Pflanzen, die du selbst gepflückt hast, bleiben über viele, viele Jahre erhalten.
Blumen sammeln ist etwas Wunderbares. Doch sei achtsam. Am schönsten sind lebende Blumen in der Natur. Pflücke behutsam und sparsam. Und niemals in Naturschutzgebieten.

Ganz oben, unter dem jeweiligen Namen der insgesamt 18 Blumen, steht, welche Bedeutung die Pflanze in der alten »Blumensprache« hatte. In vergangenen Zeiten benutzte man nämlich Blumen, um sich gegenseitig etwas mitzuteilen. Und jede Pflanze hatte ihre besondere Bedeutung!
Du lernst auch Carl von Linné kennen. Er hat vor rund 250 Jahren gelebt und war der Naturforscher, der allem in der Natur einen Namen gegeben hat.
Was du tun musst, wenn du deine Pflanzen pressen willst, erklären wir am Ende des Buches.
Und nun komm mit auf Entdeckungsreise in die Welt der wilden Blumen!

Stefan Casta & Maj Fagerberg

Schneeglöckchen

Im größten Kummer blüht die Liebe häufig am lieblichsten.

Februars hübsche Mädchen

Schneeglöckchen kommen immer überraschend. An einem sonnigen Wintertag entdeckt man plötzlich, dass sich kleine grünweiße Spitzen durch die Schneedecke gebohrt haben. Und wenn man näher hinschaut, sieht man, dass der Schnee um sie herum geschmolzen ist. Es ist die Wärme in den Knospen, die den Schnee schmelzen lässt. Manchmal bohren sie sich auch durch altes Laub am Wegrand und sehen aus, als trügen sie einen Hut. Dazu passt der englische Kosename der Schneeglöckchen sehr gut: »Februars hübsche Mädchen«.
Nachdem sie aufgeblüht sind, gibt es häufig noch frostig kalte Nächte. Am Morgen liegen dann alle Blumenmädchen in einem einzigen Wirrwarr auf der Erde. Fast wie Seegras. Aber sobald die Sonne am Himmel aufsteigt, richten sich Blüten und Blätter wieder auf. Das ist ein echtes Frühlingswunder! Wenn die Blütezeit vorbei ist, sind die munteren Mädchen ganz erschöpft und liegen platt im Schnee. Das kann man gut verstehen.

Gefülltes Schneeglöckchen Galanthus nivalis »Flore Pleno«

Gewöhnliches Schneeglöckchen Galanthus nivalis

Großblütiges Schneeglöckchen Galanthus elwesii

Wilde Ausreißer

Manchmal findet man Schneeglöckchen mitten in der Natur, weit entfernt vom nächsten Haus. Das sind verwilderte Pflanzen, die ein neues Leben als Wildblumen begonnen haben. Sie können sich verbreiten, wenn Menschen Gartenabfall und Erde außerhalb ihres Grundstücks entsorgen.

Woronow-Schneeglöckchen
Galanthus woronowii

Eine echte Europäerin

In den Gebirgen Südeuropas wachsen Schneeglöckchen wild. Dort blühen sie zu Zehntausenden und färben die Wälder weiß. Ähnlich wie unsere Buschwindröschen. Besonders viele Arten scheint es in den Bergen der Türkei zu geben. Aber sie wachsen auch in den Pyrenäen und den Alpen. Je nachdem wo ein Schneeglöckchen herkommt, heißt eines Türkisches, ein anderes Griechisches Schneeglöckchen. Das am häufigsten vorkommende heißt Gewöhnliches Schneeglöckchen.

Eine Schneeglöckchen-Legende

Der Tag, an dem Adam und Eva laut Bibel aus dem Paradies verjagt wurden, war kalt, und es lag Schnee. Die beiden froren und weinten. Aber ein Engel hatte Mitleid mit ihnen, er berührte sie, und ihre Tränen verwandelten sich in die Blüten von Schneeglöckchen.

Blumen in der Kirche

Das Schneeglöckchen ist ein Symbol für Reinheit. Nach einer alten Legende blühte es am 40. Tag nach Jesu Geburt. Es war der Tag, an dem Maria ihr Kind im Tempel zeigte. In vielen Kirchen stellt man an diesem Tag noch immer Schneeglöckchen auf den Altar.

Lateinisch *Galanthus nivalis* L.

Galanthus kommt von den griechischen Wörtern *gala* (Milch) und *anthos* (Blume). *Nivalis* bedeutet »im Schnee«. Daraus wird ungefähr »Die milchweiße Blume im Schnee«. Das L. hinter dem Namen ist eine Abkürzung für »Linné«. Er hat der Pflanze ihren wissenschaftlichen Namen gegeben.

Alte Namen

Schneetropfen, Schneeweiß, Fastnachtsglöckchen

Wusstest du, dass …

… man annimmt, dass es etwa 500 kultivierte Sorten gibt?
… es in der Natur »nur« 19 wilde Arten gibt?
… die wilden Blumen die Stammformen sind, aus denen all die kultivierten Sorten gezüchtet wurden?

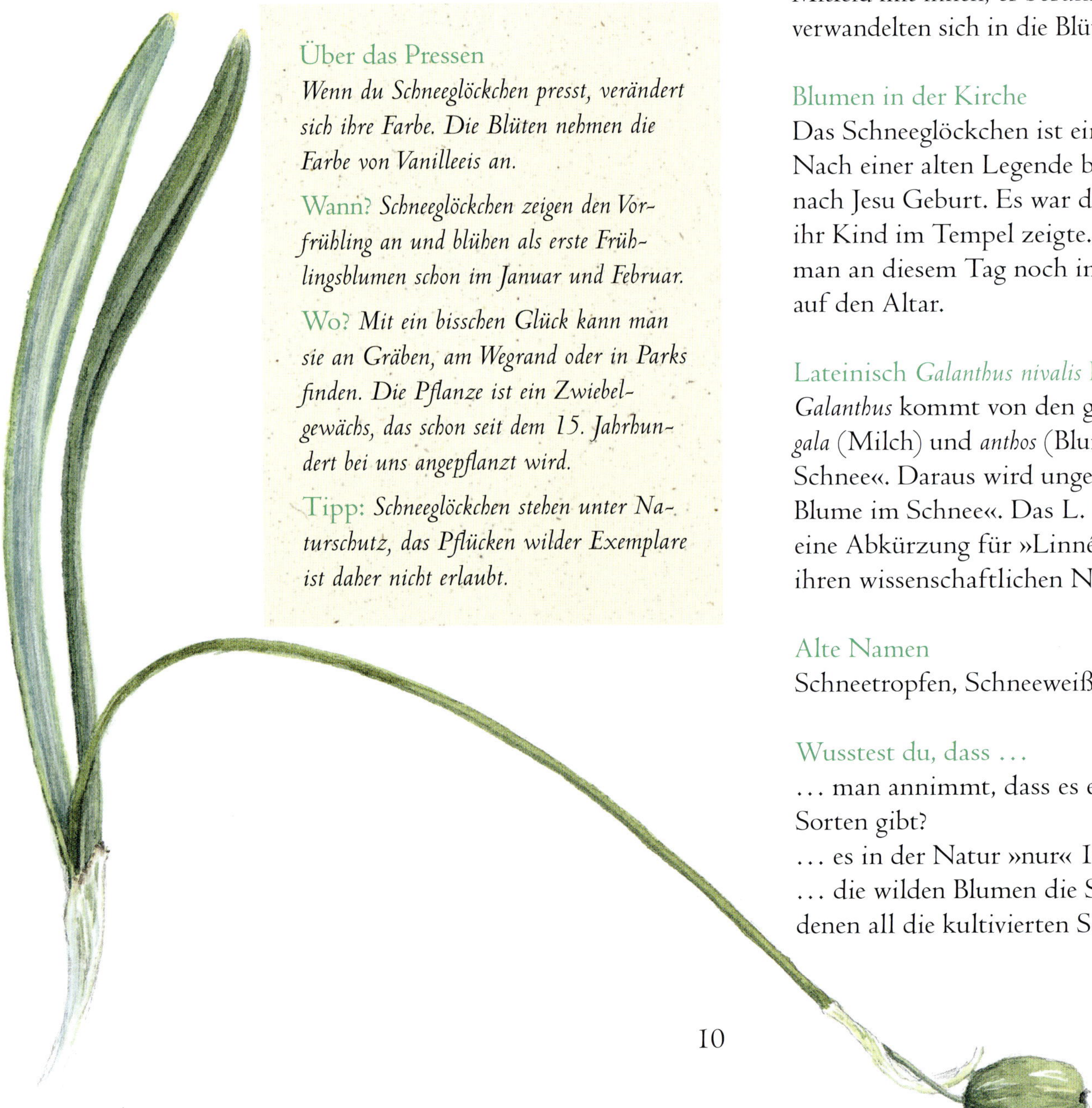

Über das Pressen

Wenn du Schneeglöckchen presst, verändert sich ihre Farbe. Die Blüten nehmen die Farbe von Vanilleeis an.

Wann? *Schneeglöckchen zeigen den Vorfrühling an und blühen als erste Frühlingsblumen schon im Januar und Februar.*

Wo? *Mit ein bisschen Glück kann man sie an Gräben, am Wegrand oder in Parks finden. Die Pflanze ist ein Zwiebelgewächs, das schon seit dem 15. Jahrhundert bei uns angepflanzt wird.*

Tipp: *Schneeglöckchen stehen unter Naturschutz, das Pflücken wilder Exemplare ist daher nicht erlaubt.*

Name:

Lateinischer Name:

Datum:

Fundort:

Eigene Beobachtungen:

Huflattich

Die erste Liebe

Zitronenfalter

Was wären Wegsäume ohne Huflattich?

Huflattich Tussilago farfara

Die Blume aller Kinder

Der erste Huflattich im Frühling ist etwas Besonderes. Um ihn zu finden, muss man vorsichtig mit den Fingern im zotteligen Vorjahresgras graben. Man kann auch nach seinen rußschwarzen Blättern des vergangenen Jahres suchen. Sie verraten, wo die Blumen wachsen. Nach einer Weile entdeckt man sie – fest verschlossene Knospen, die aus der Erde ragen wie kleine gefaltete Hände. Pflücke ein paar, und stelle sie in einem Eierbecher auf den Küchentisch. Einige Tage später öffnen sich die Knospen und leuchten wie die Frühlingssonne.

Huflattich ist eine Pflanze, die man jemandem schenken soll, den man sehr gern hat. Sie ist nämlich ein altes Symbol für die allererste Liebe. Vielleicht schenken deswegen so viele Kinder ihrer Mama einen Strauß?

Fruchtstand und Blätter

Ein natürlicher Sonnenfänger

Die gelben Blütenstände, genannt Blütenkörbchen, haben eine erstaunliche Fähigkeit, Sonnenwärme zu speichern. Deshalb ist es im Blütenkörbchen wärmer als in der Luft. Das gefällt den wintersteifen Fliegen.

Durststiller

Jene Fliegen, die in unseren Häusern überwintert haben, erwachen, sobald die Sonne aufs Dach scheint. Dann fliegen sie hinaus und trinken den Nektar des bereits blühenden Huflattichs.

Hufform

Nach dem Blühen strecken sich die Stängel, damit die Früchte wie kleine Fallschirme davonfliegen können. Dann kommen auch die großen grünen Blätter aus dem Boden hervor. Sie sehen Hufen ähnlich, was der Pflanze in vielen Ländern ihren Namen gegeben hat. In Frankreich heißt sie Pas-d'âne, »Spur des Esels«.

Das am frühesten blühende Kraut; jetzt wird die Erde frostfrei, im Schatten schmilzt der Schnee.

Carl v. Linné

Über das Pressen
Presse junge, gerade erblühte Blumen. Das wird wunderschön!

Wann? *Februar bis April*

Wo? *Du findest ihn in Steinbrüchen, an naturbelassenen Weg- und Feldrändern, entlang von Gräben und Böschungen, an Seeufern oder ähnlichen Stellen.*

Tipp: *Die Blüte ähnelt dem Löwenzahn. Da er aber so früh im Jahr blüht, kann man sie nicht verwechseln.*

Wusstest du, dass …
… das Blütenkörbchen aus vielen Einzelblüten besteht, die gemeinsam eine große Scheinblüte ergeben?
… die inneren Röhrenblüten von einem Ring aus Zungenblüten umgeben sind, die wie Sonnenstrahlen aussehen? Ihre Aufgabe ist es, Insekten anzulocken.

Lateinisch *Tussilago farfara* L.
Tussilago kommt aus dem Lateinischen von *tussis* (Husten) und wahrscheinlich *agere* (vertreiben). Der Name bedeutet »Das Kraut, das Husten vertreibt«. *Farfara* ist der alte italienische Name der Pflanze.

Alte Namen
Pferdehuf, Pferdeheiler, Brusttabak, Fohlenfuß, Heilkraut, Zahnwehheiler, Frostblume

Früher Nutzpflanze, heute verboten
Früher konnte man in der Apotheke Tee aus getrockneten Huflattichblättern kaufen. Sie waren ein bekanntes Mittel gegen Husten. Aus den Blättern wurde auch Tabak hergestellt. Heute sind sie als Arzneimittel verboten, da man entdeckt hat, dass die Pflanzen Stoffe enthalten, die Krebs verursachen können.

Name:

Lateinischer Name:

Datum:

Fundort:

Eigene Beobachtungen:

Buschwindröschen

Ich gedeihe in Armut.

Buschwindröschen
Anemone nemorosa

Der Erdspross der Windröschen wächst schnell und lässt immer mehr Blumen sprießen.

Waschtag bei den Elfen

Das Buschwindröschen ist vielleicht die am häufigsten vorkommende Frühlingsblume. Was für ein Glück! Im März und April sind die Wälder plötzlich voller kleiner weißer Blüten, die sich träge im Wind bewegen. Ganz so, als hätten die Elfen ihre Wäsche aufgehängt. Wie schön, sich in diesem weißen Meer zwischen freundlichen Hummeln und flatternden Schmetterlingen niederzulassen.

Es scheint, als hätte die Blume ein geheimes inneres Wesen. Schau sie dir einmal genauer an. Die Knospe eines Buschwindröschens ist das Schönste und Lebendigste, das man sich denken kann. Als würde der Frühling persönlich vor dir stehen, in reinstem Weiß und frisch lachendem Grün!

Schutz vor Elfenpfeilen

Früher haben manche Menschen das erste Buschwindröschen des Jahres gegessen. Sieben Blüten sollte man essen. Man tat es, weil man glaubte, so gegen eine Krankheit namens »Elfenpfeil« geschützt zu sein. Denn sollte man irgendwann einmal auch nur eine einzige Elfe stören, könnte sie einen Pfeil abschießen, von dem man schwer heilbaren Ausschlag bekommt, wenn er trifft. Aber heutzutage isst niemand mehr Buschwindröschen, und das ist ein Glück.

Achtung, giftig!

Früher wurde die Pflanze gegen Ausschlag und Verletzungen eingesetzt. Heute aber weiß man, dass sie giftige Stoffe enthält, die beim Trocknen verschwinden. Bitte Hände waschen!

Darum gibt es so viele

Die Pflanze vermehrt sich über einen kriechenden Erdspross, der sich in alle Richtungen ausbreitet. Aus ihm sprießen ständig neue Pflanzen. Alle Buschwindröschen, die vom selben Erdspross stammen, haben exakt gleiche Blätter und Blüten. Die Mutterblüte hat sich also selbst kopiert. Wenn man sich im Meer der Buschwindröschen genau umschaut, kann man die Grenzen zwischen den verschiedenen Gruppen manchmal erkennen.

In Eile

Buschwindröschen scheinen am besten in Hainen zu gedeihen. Das sind helle, lichte Laubwälder mit Bäumen wie Birke, Buche und Eiche. Aber die Buschwindröschen haben es eilig. Sie müssen ausgeblüht haben, ehe die Laubbäume belaubt sind und so das Licht am Boden schlucken. Ein Buschwindröschen blüht ungefähr 14 Tage lang.

Auf Wanderschaft

Obwohl das Buschwindröschen eine Laubwaldpflanze ist, scheint es sehr wanderlustig zu sein. Oft taucht es an ganz ungewöhnlichen Stellen auf. Manchmal gelingt es ihm sogar, sich in Parks in der Stadt zu schmuggeln.

Legende

Die Liebesgöttin Aphrodite war in den Jäger Adonis verliebt. Trotz ihrer Warnungen wurde er von einem Wildschwein getötet. An der Stelle, wo es geschehen war, wuchsen leuchtend rote Adonisröschen, Verwandte des Buschwindröschens.

Nicht verwechseln: Leberblümchen

Zeitgleich zu den Buschwindröschen blühen auch die Leberblümchen. Die Pflanze blüht Jahr für Jahr an derselben Stelle. Es gibt Standorte, die über 700 Jahre alt sind! Leberblümchen stehen unter Naturschutz.

Leberblümchen
Hepatica nobilis

Lateinisch *Anemone nemorosa* L.
Anemone kommt von dem griechischen Wort für Wind, *anemos,* und *nemorosa,* dem Wort für Hain, *nemos.* Daraus wird »Die Windblume im Hain«.

Alte Namen
Hexenblume, Waldanemone, Märzenblume, Fettblume und Altweibergras

Wusstest du, dass …
… Buschwindröschen nicht nur weiß, sondern manchmal auch rötlich, violett oder gelb gefärbt sind?
… sie sich durch Ameisen verbreiten, die das Fettklümpchen um den Samen fressen und ihn dann irgendwo an anderer Stelle fallen lassen?
… sie von Hummeln, Bienen, Schmetterlingen, Fliegen und kleinen Käfern bestäubt werden?
… das Buschwindröschen unter Naturschutz steht? Sammle es ausschließlich in Parks und Gärten!

Über das Pressen
Buschwindröschen trocknen rasch. Die weiße Farbe verblasst schnell, aber die grauen Kronblätter sehen trotzdem hübsch aus.

Wann? *Blüht von März bis April*

Wo? *Üblich in lichten Wäldern, in Parks und in Gärten*

Tipp: *Können mit Waldsauerklee verwechselt werden, der gleichzeitig blüht. Er hat aber kleinere Blüten, in denen deutlich erkennbare rote Linien verlaufen, und richtige »Kleeblätter«.*

Waldsauerklee
Oxalis acetosella

Name:

Lateinischer Name:

Datum:

Fundort:

Eigene Beobachtungen:

Goldstern

*Folge mir!**

Wald-Goldstern
Gagea lutea

Der goldene Stern des Frühlings

Leicht kann man die hauchzarte Blume des Frühjahrs übersehen: den Goldstern. Manche Menschen scheinen ihn gar nicht zu bemerken, obwohl er ein weit verbreitetes Liliengewächs Nord- und Mitteleuropas ist. Vielleicht, weil er so einfach, so niedlich und so rein ist. Auf Englisch heißt er »Star of Bethlehem«, das bedeutet übersetzt »Stern von Bethlehem«. Er ist also nach dem Stern benannt, der laut der Bibel über dem neugeborenen Jesuskind leuchtete. Mit dem Namen Goldstern macht er bei uns auf sich aufmerksam. Und an diesem wilden Stern ist wirklich etwas Beachtenswertes. Die Natur »entzündet« ihn im März als ein Zeichen für das Ende des Winters. Jetzt gehen wir helleren Zeiten entgegen!

*Aus einem geheimnisvollen Grund hat der Goldstern keinen Namen in der Blumensprache. Dies ist also ein Vorschlag!

»Erdnüsse« vergangener Zeiten

Beim Goldstern handelt es sich um ein Zwiebelgewächs. Früher wurden diese unterirdischen Zwiebeln auch Erdnüsse genannt, und es war nicht ungewöhnlich, sie zu essen. Sie ähneln tatsächlich einer Erdnuss oder einer kleinen Bohne. Heute weiß man, dass sie schwach giftig sind.

Schau dir die Blätter an

Die Blätter des Gewöhnlichen Goldsterns sind lang und schmal. An der Spitze sind sie lustig zusammengewachsen und bilden eine kleine Haube. An den Blättern kann man die verschiedenen Arten von Goldsternen unterscheiden. Die Blätter des Wiesen-Goldsterns und des Zwerg-Goldsterns haben keine Haube.

Wusstest du, dass …

… die Blüte sich nur bei Sonnenschein öffnet?
… er überwiegend von Fliegen bestäubt wird?
… der Goldstern häufig an neuen Standorten auftaucht, wohin die Ameisen seinen Samen getragen haben?
… er zu der Familie der Liliengewächse gehört und unter anderem mit den Tulpen verwandt ist?

Scheidiger Goldstern
Gagea spathacea

Im ersten Frühling sprießen aus den Zwiebeln nur grasartige Blätter, erst später erscheinen die sternartigen Blüten.

> *Bei Missernten können die Zwiebeln als Notbrot gegessen werden.*
>
> Carl v. Linné

Gewöhnlicher Schneeglanz
Chionodoxa luciliae

Blauer Schneeglanz
Chionodoxa forbesii

Der Goldstern ist mit kultiviertem Schneeglanz und Blauem Schneeglanz verwandt, der in vielen Gärten wächst.

Sibirischer Blaustern
Scilla siberica

Lateinisch *Gagea lutea* L.

Den wissenschaftlichen Namen *Gagea* hat die Pflanze von einem englischen Botaniker bekommen, Sir Thomas Gage. *Lutea* kommt von dem lateinischen Ausdruck für Gelb. Der Goldstern ist also »Gages gelbe Blume«.

Alte Namen

Gelbstern, Frautagszwiebel, Erdzwiebel, Krähenzwiebel

Über das Pressen

Goldsterne sind leicht zu pressen und behalten lange ihre Farbe.

Wann? *März bis Mai*

Wo? *Gedeiht in lichten Wäldern, Hainen, Parks, auf Wiesen, Rasen und an Wegrändern*

Tipp: *Die Pflanzen wachsen im Halbschatten unter Bäumen und Büschen. Aber Achtung, es gibt sie nur kurze Zeit ganz zu Anfang des Frühlings.*

Name:

Lateinischer Name:

Datum:

Fundort:

Eigene Beobachtungen:

Tausendschönchen, kultivierte Gänseblümchen

Gänseblümchen Bellis perennis

Gänseblümchen

Viele kleine Vergnügen machen das Leben angenehmer als wenige große.

Tausendkünstler der Blumenwelt

Wenn man den Fuß auf sieben Gänseblümchen zugleich setzen kann, ist der Sommer da. So sagt man in England, und das stimmt wohl. Zu Sommerbeginn blühen Gänseblümchen wirklich zu Tausenden. Sie drängeln sich geradezu auf den Wiesen. Dann ist es tatsächlich kinderleicht, seinen Fuß auf sieben Stück gleichzeitig zu setzen. Das Gänseblümchen ist wahrhaftig ein echter Tausendkünstler, der das ganze Jahr blühen kann, wenn der Winter mild ist. Weil das Gänseblümchen so klein ist, symbolisiert es Schüchternheit. Linné glaubte, es sei eine sehr wertvolle Pflanze. Zu seiner Zeit versuchte man, sie als Medizin gegen alle möglichen Krankheiten zu nutzen. Das Gänseblümchen gedeiht in Gärten, Parks und auf Weideland. Wenn man das Gras mäht, verschwinden alle Blüten. Aber nach wenigen Tagen sind bereits wieder neue nachgewachsen!

Mag keinen Regen

Die Blütenköpfchen des Gänseblümchens sind sehr wetterempfindlich. Bei Regen schließen sie sich. Vor Beginn der Nacht strecken sie die Hälse, dann schließen sich die weißen Blütenblätter, und die Blume »schläft ein«.

Kultiviertes Gänseblümchen

Die Blume der Wichtel

Ein alter Name der Blume ist »Wichtellicht«. Wichtel waren dem Volksglauben nach Wesen, die unter den Häusern und Höfen der Menschen wohnten. Sie waren verwandt mit Kobolden und Waldhexen, und es hieß, sie könnten sich unsichtbar machen und den Menschen Sand in die Augen streuen.

Neue christliche Namen

Als das Christentum die wichtigste Religion in Europa wurde, benannte man viele Blumen um. Vor allem jene, die mit alten Göttern in Zusammenhang gebracht wurden. Das Gänseblümchen war eine der Pflanzen von Göttin Freya, der nordischen Göttin des Frühlings und der Liebe. Nun bekam das Gänseblümchen den Namen »Marienblümchen«, nach der Jungfrau Maria, Jesu Mutter.

Alter Aberglaube

Wenn man die ersten drei Gänseblümchen, die man sieht, isst, hat man das ganze Jahr keine Zahnschmerzen.

Alte Arzneipflanze
Heilende Wirkung bei Erkältungen oder Verstopfung

Lateinisch *Bellis perennis* L.
Bellis bedeutet hübsch und *perennis* so viel wie mehrjährig. Auf Deutsch heißt das ungefähr »Die ewig Schöne«.

Alte Namen
Grasblume, Geißblümchen, Liebesblümchen, Marienblümchen, Ringelröschen, Tausendschön

Über das Pressen
Wenn man Korbblütler presst (siehe Margerite), sollte man sie nicht zu hart pressen, denn dann könnten die Körbchen beschädigt werden.

Wann? *Von April bis November. Mindestens!*

Wo? *Gibt es fast auf jedem Rasen und jeder Wiese. Weiße oder rote werden in Beeten gezogen. Sie sind größer und kräftiger als die wilden.*

Tipp: *Sie sehen aus wie winzige Margeriten und stehen gleichsam auf einem eigenen kleinen Hügel aus Blättern. Innen stehen die gelben Röhrenblüten, außen weiße Zungenblüten.*

Wusstest du, dass …
… sie von Insekten besucht werden, sich aber auch selbst bestäuben können?
… die Blüte in vergangenen Zeiten in Zaubertränken benutzt wurde?

Name:

Lateinischer Name:

Datum:

Fundort:

Eigene Beobachtungen:

Schlüsselblume

Dein Äußeres ist lieblich, aber dein Herz ist lieblicher.

Echte Schlüsselblume
Primula veris

Manche halten die Schlüsselblume für die schönste Frühlingsblume.

Der Schlüssel zum Himmelreich

Wenn man Schlüsselblumen pflückt, fühlt es sich an, als berühre man ein lebendiges Wesen. Der flaumige Stängel ist so zart wie die Hand eines Freundes, und die Blüten duften süß. Jedoch darf man Schlüsselblumen nur in Parks und Gärten pflücken. An manchen Orten sind sie selten und stehen deshalb unter Naturschutz.

Es gibt eine hübsche Legende über die Blume. Petrus, der das Tor zum Himmelreich bewacht, hatte eines Tages seinen goldenen Schlüsselbund verloren. Dieser fiel durch die Wolken und bohrte sich tief in die Erde. Ein Engel wurde zur Erde geschickt, um nach dem Schlüsselbund zu suchen, konnte ihn jedoch nicht finden. Aber schließlich entdeckte er eine Blume, die den goldenen Schlüsseln glich. Und unter der Blume lag der Schlüsselbund!

Schlüsselblumen gegen Traurigkeit

Die Schlüsselblume war ein altes Naturheilmittel gegen Depressionen. Menschen, die traurig waren, bekamen eine Medizin, die aus ihren Wurzeln hergestellt wurde. Noch heute nutzen wir die Wurzeln der Pflanze, aber nur gegen Erkältung und Husten.

Schönheitssalbe

Früher glaubte man, die Schlüsselblume habe magische Kräfte und könne Menschen verjüngen. Man stellte Schönheitssalben und Gesichtswasser aus ihr her. Von der Salbe hieß es, sie glätte Runzeln und entferne Sommersprossen.

Die erste Brauselimonade

Früher braute man einen duftenden Saft aus den Blüten der Schlüsselblume. Man kochte sie vorsichtig in Wasser und fügte Zucker hinzu.

Wusstest du, dass …

… man den Nektar der Schlüsselblume schmecken kann, wenn man vorsichtig eine Blüte löst und an ihrem Ende saugt?
… man die jungen Blätter als Salat essen kann?

Blüht von der Ankunft der Schwalben bis zur Tannenblüte

Carl v. Linné

Fruchtstand der Schlüsselblume

Verbreitet sich im Winter

Die Samen der Schlüsselblume reifen sehr langsam. Erst im Winter reifen sie aus. Dann stehen die Blumen immer noch da, wie versteinert. Wenn es windig ist, wirbeln die Samen über den Schnee.

Alte Namen

Bärenohr, Eieräuglein, Frauenschlüssel, Heiratsschlüssel, Himmelschlüssel, Kraftblume, Petriblume, Wiesenprimel

Lateinisch *Primula veris* L.

Primula kommt von dem Wort *primus*, das der Erste bedeutet. *Veris* kommt vom Wort *ver*, das Frühling bedeutet. Daraus wird »Erste des Frühlings«.

Über das Pressen

Die Schlüsselblume lässt sich leicht pressen und wird meistens besonders hübsch, weil sich der gelbe Farbton wunderbar hält.

Wann? *Mai bis Juni*

Wo? *Gedeiht auf Weideland, Wiesen und an Wegrändern. Findet sich häufig in Gärten und Parks.*

Tipp: *Die wilden Schlüsselblumen darf man nicht pflücken, sie stehen unter Naturschutz. Aber es gibt genügend Gartenschlüsselblumen, die man pflücken darf.*

Gartenschlüsselblumen (Primula polyantha) gibt es in vielen Farben und Formen.

Gartenprimel (Primula vulgaris)

Name:

Lateinischer Name:

Datum:

Fundort:

Eigene Beobachtungen:

Wildes Stiefmütterchen

Schwäche

»Blauer Himmel und weiße Fenster« ist einer der alten Namen des Wilden Stiefmütterchens.

Wildes Stiefmütterchen
Viola tricolor

Malt den Frühling blau

Das Wilde Stiefmütterchen ist eine wahre Zauberkünstlerin. Es gedeiht besonders gut auf schlechtem Boden, wo sonst fast nichts wächst – in winzigen Spalten auf den Bergen, auf trockenen Abhängen und in magerer Erde. Dort braucht es nicht mit anderen Pflanzen um den Raum zu kämpfen. Am üppigsten blühen sie, wenn der Frühling verregnet ist. Das ist verständlich, denn dann bekommen die armen Stiefmütterchen genügend Wasser und blühen zu Tausenden, sodass in manchen Gegenden ganze Berge blau leuchten. Man fragt sich, was für eine seltsame Blume das ist, die die steinige Landschaft verwandelt hat? Ach so, es sind nur Wilde Stiefmütterchen! Wenn der Frühling allerdings trocken und regenarm ist, geht die Blüte der Stiefmütterchen fast unbemerkt vorbei.

Garten-Stiefmütterchen
Viola x wittrockiana

Wahrsagen mit Stiefmütterchen

Wenn die Wilden Stiefmütterchen besonders intensiv blühen, wird der Sommer warm und sonnig, sagte man früher. Aber üppiges Blühen konnte auch bedeuten, dass Trockenheit und Missernten zu erwarten waren.

Die siebte Blüte

Der Schriftsteller William Shakespeare hat einmal geschrieben, dass das Wilde Stiefmütterchen die siebte und magischste Pflanze in jenem Strauß ist, den man sich in der Mittsommernacht unters Kopfkissen legt. Durch die Kraft der Blume wird man den lieben, den man am nächsten Morgen zuerst erblickt.

Dreifaltigkeitsblume

Entsprechend der christlichen Deutung symbolisiert die gelbe Farbe der Blume den Vater, die weiße den Sohn und die violette den Heiligen Geist.

Stiefmütterchen sind aufregend

Kultivierte Stiefmütterchen vom Gärtner sind ehemals wilde Stiefmütterchen, die mit anderen gekreuzt wurden. Sie verbreiten sich leicht und verwildern nach einigen Jahren wieder!

Das größte, nach unten gerichtete Blatt ist die Stiefmutter. Sie sitzt auf zwei »Stühlen«, zwei grünen Kelchblättern. Und auf dem Schoß hat sie einen Teller mit Butter. Ihre beiden eigenen Töchter sitzen rechts und links von ihr. Sie haben jede einen eigenen »Stuhl«. Die beiden oberen Blätter sind die Stieftöchter, die sich einen »Stuhl« teilen müssen und am weitesten entfernt sitzen.

Carl v. Linné

Stiefmütterchen
Viola tricolor

Über das Pressen

Stiefmütterchen sind leicht zu pressen und behalten ihre Farbe. Wenn du magst, presse gleich mehrere Pflanzen.

Wann? *Von April bis Oktober*

Wo? *Wächst auf den magersten Böden, an kargen Berghängen, auf trockenen Wiesen und Abhängen*

Tipp: *Wilde Stiefmütterchen findet man am leichtesten im Frühling, denn dann sind sie am auffälligsten. Ihre Farbe kann stark variieren. Einige sind mehr gelb und weiß, andere überwiegend blau.*

Lateinisch *Viola tricolor* L.

Viola kommt aus dem Lateinischen und bedeutet Veilchen. *Tricolor* bedeutet dreifarbig. Übersetzen könnte man es mit »Veilchen mit drei Farben«.

Wusstest du, dass …

… es früher als Heilkraut gegen Hautkrankheiten angewandt wurde?
… die Samen von der Pflanze aus den Kapselfrüchten geschleudert werden, wenn sie reif sind?
… einige Samen von Ameisen gesammelt werden? Sie fressen das Fettklümpchen auf, das den Samen umschließt, dann werfen sie ihn weg.
… es auf der ganzen Erde ungefähr 400 Arten von Veilchen und Wilden Stiefmütterchen gibt?

Hain-Veilchen
Viola riviniana

Wegweiser für Insekten

Das Wilde Stiefmütterchen ist eine »leichte Beute« für Insekten, denn es gibt deutliche Hinweise, wo sein Nektar zu finden ist. Die dünnen schwarzen Linien zeigen in die Mitte der Blüte, wo der gelbe Fleck, ein sogenanntes Saftmal, sitzt. Dadurch wissen die Insekten genau, wo sie saugen müssen.

Alte Namen

Das Wilde Stiefmütterchen hat ungewöhnlich hübsche Namen: Ackerveilchen, Dreifaltigkeitsblümchen, Stiefmütterchen, Jesusli. Und vielleicht der hübscheste von allen: Blume mit Gesicht.

Name:

Lateinischer Name:

Datum:

Fundort:

Eigene Beobachtungen:

Löwenzahn

Ich bin wie die meisten Leute.

Geliebtes Unkraut

Der Löwenzahn ist eine echte Wundertüte. Wenn er aufblüht, erstrahlt der Frühling in Gelb. Plötzlich gibt es überall Löwenzahn. Nicht zuletzt in den Gärten. Woher kommen die Pflänzchen alle? Manche Menschen mögen keinen Löwenzahn. Sie nennen ihn Unkraut und versuchen mit allen Mitteln, ihn loszuwerden. Das ist schwer. Denn der Löwenzahn ist ein Meister darin, sich zu verbreiten. Und viele Menschen lieben ihn vielleicht gerade aus dem Grund, weil er so eigensinnig ist und immer wiederkommt. Das Geheimnisvolle am Löwenzahn ist, dass es unendlich viele Arten gibt, die alle ein kleines bisschen unterschiedlich sind. Am Ufer wächst Strand-Löwenzahn, der schmale, ungezahnte Blätter hat. Auf trockenem Boden gibt es Zwerg-Löwenzahn, der manchmal nur wenige Zentimeter hoch wird. Der am häufigsten vorkommende Löwenzahn heißt Gewöhnlicher Löwenzahn. Er ist es, der auf unseren Wiesen wächst.

Gewöhnlicher Löwenzahn
Taraxacum officinale

Wenn der Löwenzahn blüht, gleitet der Frühling fast unmerklich in den Sommer über.

Frucht mit Fallschirm

Wenn der Wind in den Fruchtstand eines Löwenzahns pustet, schweben unzählige kleine Fallschirme davon. An ihrem Ende hängt jeweils eine Frucht, die den Samen der Pflanze enthält. Wenn der Fallschirm landet und die Frucht aufplatzt, können die Samen keimen, und neuer Löwenzahn entsteht.

Fruchtstand

Die Frau, die ein Stück Löwenzahnwurzel
um den Hals trägt, bekommt so schöne Augen,
dass sie unwiderstehlich wird.

Alte Redensart

Wunschkugel

Wenn man selbst in die Pusteblume eines Löwenzahns pustet und zählt, wie viele Fallschirmchen zurückbleiben, weiß man, wie viele Tage es dauert, bis ein Wunsch in Erfüllung geht.

Pipi-Blume

Wenn man Löwenzahn isst, muss man Pipi machen. Auf Französisch heißt er deshalb Pissenlit, »Bettpinkler«.

Leckere Wurzeln

Gekochte Löwenzahnwurzeln schmecken gut. Kinder in kargen Landstrichen haben sie früher geschält und gegessen. Man stellte auch Kaffee aus gerösteten Löwenzahnwurzeln her.

Lateinisch *Taraxacum vulgare (officinale)* L.

Der Name *Taraxacum* kommt vermutlich von dem arabischen *Tarakh shaqun*, dem alten Namen eines Korbblütlers.
Vulgare heißt gewöhnlich. *Officinale* bedeutet, dass es sich um eine Heilpflanze handelt.

Die frisch entfalteten noch hellen Blätter werden im Frühling für Salat gesammelt.

Carl v. Linné

Neue Blumennamen

Menschen, die es in ihrer Kindheit nicht leicht hatten, werden manchmal Löwenzahnkind genannt.

Alte Namen

Augenmilch, Bettpisser, Butterblume, Eierkraut, Kuhblume, Laternenblume, Melkdistel, Pusteblume, Sonnenwurzel und viele mehr

Wusstest du, dass …

… es mehrere 1 000 Arten auf der Welt gibt?
… man früher glaubte, sie hätten magische Kräfte und würden gegen Hexen schützen, und sie deshalb im Haus aufhängte?
… man aus Blüten und Blättern einen Tee kochen kann?

Über das Pressen

Der Löwenzahn hat ziemlich dicke Blüten, die viel Wasser enthalten. Trotzdem ist er leicht zu pressen. Vergiss nicht, auch einige Blätter zu pressen.

Wann? *Blüht reichlich im Mai und Juni, aber auch im Herbst*

Wo? *Gewöhnlich auf Wiesen und Weideland, an Wegrändern und am Ufer. Kann fast überall auftreten!*

Tipp: *Im Mai, wenn der Frühling richtig warm wird, leuchtet es fast überall gelb. Genieß es, denn es dauert nur wenige Wochen.*

Name:

Lateinischer Name:

Datum:

Fundort:

Eigene Beobachtungen:

Wald-Vergissmeinnicht
Myosotis sylvatica

Vergissmeinnicht

Lass mein Bild ewig in deinem Herzen wohnen.

Die blaue Blume der Poesie

Kaum eine andere Blume wurde so verehrt wie diese. Allein der Name macht sie ja schon zu etwas Besonderem. Vergiss mein nicht! In allen Zeiten ist sie das Symbol für Romantik und Sehnsucht mit einem Hauch von Trauer und Schwermut gewesen. Ja, genau dieses seltsame gemischte Gefühl, das man Melancholie nennt. Wenn man glücklich und unglücklich zugleich ist. Genau dieses Gefühl steckt in der zarten blauen Blüte. Sie ist es, die sozusagen den Sommer entzündet, wenn sie im Mai zu blühen beginnt. Sie weckt Hoffnung und Sehnsucht, fast als sei sie ein lebendiges Wesen. Aber ist diese Pflanze nicht genau das?

Auf Französisch hat das Vergissmeinnicht einen hübschen Namen: »Les yeux de l'enfant Jésus«, »Augen des Jesuskindes«.

Acker-Vergissmeinnicht
Myosotis arvensis

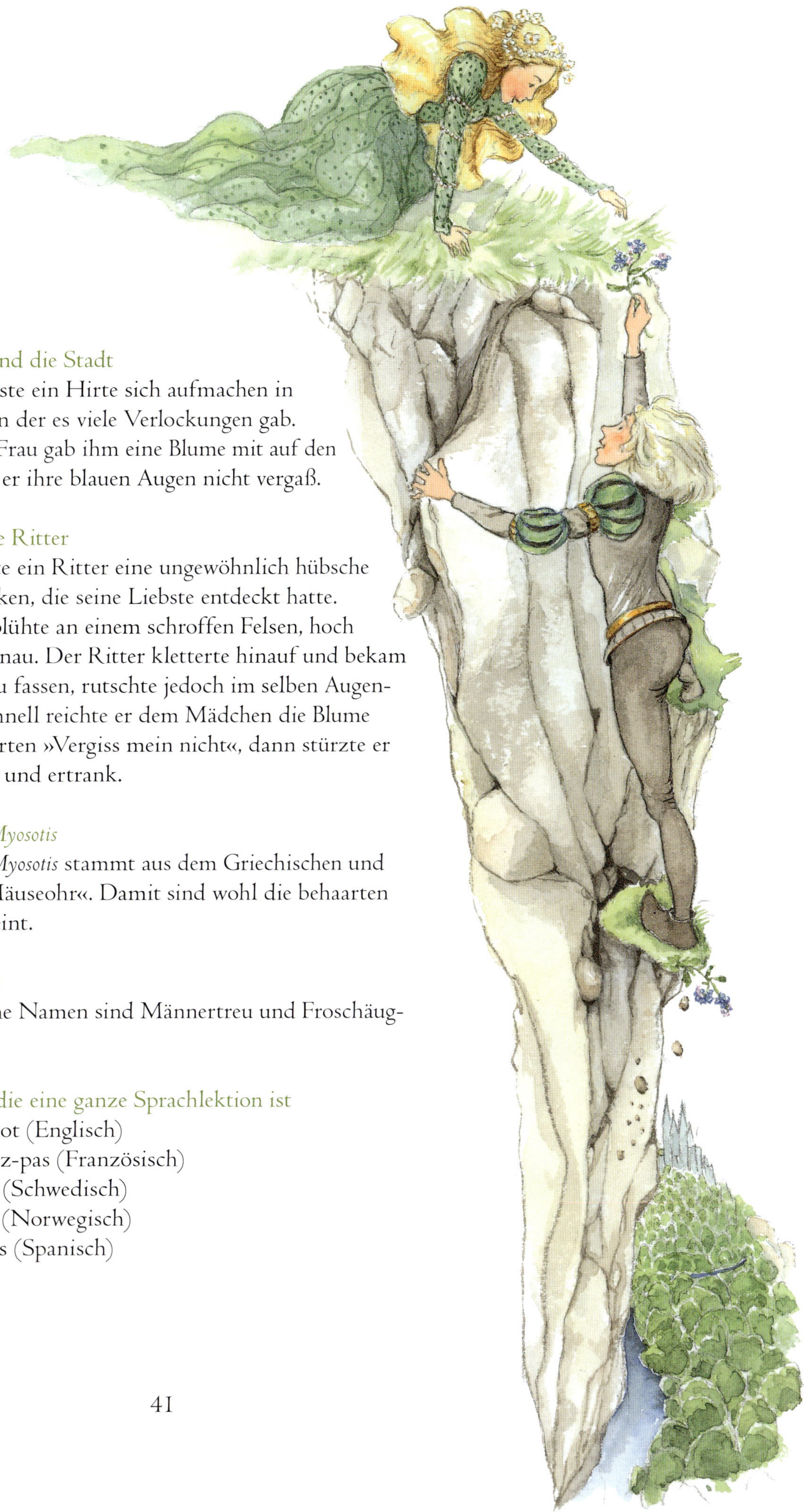

Der Hirte und die Stadt

Einmal musste ein Hirte sich aufmachen in eine Stadt, in der es viele Verlockungen gab. Seine junge Frau gab ihm eine Blume mit auf den Weg, damit er ihre blauen Augen nicht vergaß.

Der verliebte Ritter

Einmal sollte ein Ritter eine ungewöhnlich hübsche Blume pflücken, die seine Liebste entdeckt hatte. Die Blume blühte an einem schroffen Felsen, hoch über der Donau. Der Ritter kletterte hinauf und bekam die Blume zu fassen, rutschte jedoch im selben Augenblick ab. Schnell reichte er dem Mädchen die Blume mit den Worten »Vergiss mein nicht«, dann stürzte er in den Fluss und ertrank.

Lateinisch *Myosotis*

Der Name *Myosotis* stammt aus dem Griechischen und bedeutet »Mäuseohr«. Damit sind wohl die behaarten Blätter gemeint.

Alte Namen

Alte deutsche Namen sind Männertreu und Froschäuglein.

Die Blume, die eine ganze Sprachlektion ist

Forget-me-not (Englisch)
Ne-m'oubliez-pas (Französisch)
Förgätmigej (Schwedisch)
Minneblom (Norwegisch)
Nomeolvides (Spanisch)

Sumpf-Vergissmeinnicht
Myosotis scorpioides

Wusstest du, dass …

… ein Vergissmeinnicht häufig 15 bis 40 cm hoch wird, manche Arten jedoch sogar meterhoch werden können?
… es mit Beinwell und Borretsch verwandt ist?
… die Samen mithilfe des Regens verbreitet werden?

Häufiger Gast in Poesiealben

Rosen, Tulpen, Nelken,
alle Blumen welken,
nur die eine nicht,
und die heißt: Vergissmeinnicht!

Über das Pressen

Das Vergissmeinnicht ist leicht zu pressen und behält auch danach seine blaue Farbe.

Wann? *Juni bis August*

Wo? *Gedeiht auf feuchten Wiesen, im Moor, an Seeufern und Flüssen*

Tipp: *Vergissmeinnicht kann man auch im Garten anpflanzen.*

Name:

Lateinischer Name:

Datum:

Fundort:

Eigene Beobachtungen:

Scharfer Hahnenfuß
Ranunculus acris

»Sonnenauge« ist einer der alten Namen des Hahnenfußes.

Hahnenfuß

Einsam und unglücklich bin ich,
mit dir an meiner Seite wäre ich ganz anders!

Spiegelt die Sommersonne

Der gelbe Hahnenfuß strahlt mit der Sommersonne um die Wette. Das ist kein Wunder. Der Hahnenfuß ist nämlich so etwas wie ein Spiegel. Unter seiner dünnen gelben Farbschicht gibt es eine Schicht weißer Pflanzenzellen. Sie spiegeln das Sonnenlicht und lassen die Blüten glänzen und strahlen. Obwohl die Pflanze so häufig vorkommt, denkt man selten an sie. Sie ist einfach da im Sommergrün. Überall steht sie, auf feuchten Wiesen und Weideland, auf Rasen, an Wegrändern, in lichten Wäldern und in der Bergheide. Hahnenfuß ist giftig und wird nicht von Tieren gefressen. Deshalb gibt es so viel davon.

Verrät Leckermäuler

Früher stellte man seine Freunde auf die »Butterprobe«, indem man ihnen einen Hahnenfuß unters Kinn hielt, um zu sehen, wie gierig die Person nach Butter war. Je gelber das Kinn leuchtete, umso gieriger war die Person. Damals fand man, Butter sei das Leckerste, was es gibt.

Das Reich der Butterblumen

Den Hahnenfuß nennt man also auch Butterblume. Die, die man am häufigsten sieht, heißt Gewöhnliche Butterblume. Aber es gibt noch viel mehr: Wiesen-Butterblume, Wald-Butterblume, Hain-Butterblume, Berg-Butterblume … Jede Landschaft hat ihre eigene Sorte.

Erinnerungen an den Sommer

Pflücke dir einen Strauß, binde ihn zusammen und hänge ihn im Haus auf. Wenn die Blüten getrocknet sind, bewahren sie ihre schöne Farbe und sind eine ewige Erinnerung an den Sommer.

Wo Kühe und Pferde grasen, bleibt diese Blume unberührt stehen und schmückt das Weideland mit ihren hübschen Blüten.

Carl v. Linné

Blume der Bettler

Es heißt, dass früher die Bettler ihre Arme mit Hahnenfuß einrieben, weil der scharfe Pflanzensaft Blasen und Wunden hervorruft. So hatten die anderen Menschen mehr Mitleid mit den Bettlern und gaben ihnen Geld oder etwas zu essen.

Butterblumensalbe

Früher stellte man aus zerstampften Blüten und Blättern eine Salbe her. Sie wurde gegen Warzen, Gliederschmerzen und Zahnweh benutzt.

Gold-Hahnenfuß
Ranunculus auricomus

Wusstest du, dass …

… Gelb die am häufigsten vorkommende Blumenfarbe in der Natur ist? Blau ist eher selten.

… das Gift der Blume verschwindet, wenn sie getrocknet wird?

… es 250 verschiedene Hahnenfußgewächse auf der Welt gibt?

… die Blume mit dem Buschwindröschen, dem Kleinen Winterling und der Sumpfdotterblume verwandt ist?

Alte Namen

Butterblume, Sonnenauge, Mittsommerblume, Fliegentodblume und … Haizähne!

Lateinisch *Ranunculus acris* L.

Ranunculus bedeutet kleiner Frosch und weißt darauf hin, dass die Blume an feuchten Orten gedeiht. *Acris* ist das lateinische Wort für scharf wegen des scharfen Pflanzensaftes. Daraus könnte man ungefähr »Kleiner giftiger Frosch« bilden.

Auch ein »Kleiner giftiger Frosch«

Über das Pressen

Wird gepresst sehr hübsch und behält seine Farbe

Wann? *Von Ende Mai bis weit in den September*

Wo? *Hahnenfuß gibt es fast überall, aber am häufigsten auf Wiesen.*

Tipp: *Leicht zu finden und zu erkennen. In Gärten wächst häufig Kriechender Hahnenfuß in den Beeten und auf dem Rasen.*

Kriechender Hahnenfuß (Ranunculus repens) wächst nah am Boden. Mit etwas Glück kann man Exemplare mit besonders vielen gelben Blütenblättern finden.

Name:

Lateinischer Name:

Datum:

Fundort:

Eigene Beobachtungen:

Weißklee

Verweigere mir bitte nicht die Freundschaft.

Der Atem des Sommers

Die Blüten des Weißklees stehen wie kleine helle Laternen auf der Wiese. Klee hat eine fantastische Fähigkeit, sich zu verbreiten. In den Blüten krabbeln oft Bienen herum auf der Jagd nach Nektar und Pollen, man muss sich also in Acht nehmen, wenn man barfuß geht. Wenn man auf einer Decke im Gras liegt, riecht man den Klee: ein süßer, würziger Duft. Er kommt einem vertraut vor. Als sei es der ganz eigene Atem des Sommers. Wenn man im Winter Schafe, Kühe und Pferde damit füttert, nimmt man wieder den Geruch des Sommers wahr. Er kommt von einem Stoff, der Cumarin heißt und in den Blüten und Blättern des Klees enthalten ist.

Ein heiliges Blatt

Kleeblätter symbolisierten früher die drei Elemente der Natur: Erde, Meer und Himmel. Im Christentum waren die Blätter ein Bild der Dreifaltigkeit von Vater, Sohn und Heiligem Geist. Man glaubte, die Blätter schützen vor bösen Geistern. Ein vierblättriges Kleeblatt war noch besser, denn man fand, es gleiche dem heiligen Kreuz.

Schläft nachts

Wenn die Sonne untergeht, legen sich die Kleeblätter schlafen. Die beiden kleinen Blätter an den Seiten falten sich zusammen, und das dritte legt sich über sie. Auf diese Weise schützen sie sich gegen die Kälte der Nacht. Nachts sieht der Klee ganz anders aus, da die Unterseiten der Blätter eher grau als grün sind.

Über den Duft der Blumen

Es ist zu vermuten, dass die Düfte ganz einfach die Gedanken der Blumen sind.

Harry Martinson, schwedischer Schriftsteller und Nobelpreisträger

Glücksklee

Wenn man richtig Glück hat, kann man vierblättrigen Klee finden. Früher war ein solcher Fund fast so etwas wie eine Glücksgarantie. Wer einen Glücksklee fand, würde bestimmt Glück in der Liebe und im Kartenspiel haben. Mit Glücksklee konnte man angeblich auch Hexen und Zauberer entlarven.

Die Kunst, Glücksklee zu finden

Früher sollte man Glücksklee schweigend pflücken. In Frankreich sollte man das Blatt sogar abbeißen und verschlucken! Es war auch üblich, das Blatt ins Psalmenbuch zu legen. Auf diese Art, dachte man, teile man das Glück mit der ganzen Familie.

Rotklee
Trifolium pratense

Die Allgemeinheit wendet diese Pflanze wie ein Barometer an, um zu sehen, wann es Regen geben wird. Bei nahendem Regen hängen die kleinen Blätter herunter, aber wenn die Sonne herauskommt, richten sie sich auf.

Carl v. Linné

Lateinisch *Trifolium repens* L.
Trifolium bedeutet dreiblättrig, *repens* bedeutet kriechend. So heißt die Pflanze also ungefähr »Kriechende Pflanze mit drei Blättern«.

Wusstest du, dass …
… Weißklee eine der wichtigsten Futterpflanzen für Tiere ist?
… Kühe, die Klee fressen, besonders viel Milch geben?
… er zur Familie der Schmetterlingsblütler gehört?
… zu den Schmetterlingsblütlern auch die Erbse und die Bohne zählen?

Über das Pressen
Lege die Blätter so, dass man von einigen die Ober- und von einigen die Unterseite sieht. Dann erkennt man, wie unterschiedlich sie sind.

Wann? *Blüht den ganzen Sommer, von Juni bis September*

Wo? *Kommt sehr häufig auf Rasenflächen, Weideland, an Wegrändern und ähnlichen Stellen vor*

Tipp: *Weißklee gibt es auf jeder Wiese, die ein bisschen verwildert ist und mehr Pflanzen als nur Gräsern Platz bietet.*

Unter den Verwandten des Weißklees finden sich unsere am häufigsten vorkommenden Sommerblumen.

Name:

Lateinischer Name:

Datum:

Fundort:

Eigene Beobachtungen:

Europäischer Siebenstern
Trientalis europaea

Der Siebenstern macht dunkle Wälder hell.

Siebenstern

Im tiefsten Wald würde ich gern mit dir leben.

Die einfachste Blume des Waldes

Der Siebenstern sieht fast aus wie eine Kinderzeichnung. Im Wald steht er mit geradem Rücken und leuchtend weiß da, strahlend wie ein Erstklässler vor den ersten Sommerferien. Die Blüte besteht aus sieben weißen Kronblättern in einem Kranz. Das ist schlau, denn im Wald ist es oft halbdunkel. Die Sonnenstrahlen erreichen den Waldboden nicht richtig. Da hilft die weiße Farbe Mücken und kleinen Fliegen, die Blumen zu finden. Wegen des schwachen Lichts sitzen auch die grünen Blätter ganz oben am Stängel. Sie sind unterschiedlich groß. Die obersten, die am meisten Licht bekommen, sind am größten. Die Blumen verbreiten sich auf die gleiche Art wie Buschwindröschen, mit einem kriechenden Erdspross, der sich unter dem Moos entlangschleicht und neue Sterne wachsen lässt, bis der ganze Wald weiß leuchtet.

In den Bergen ist der Siebenstern nur wenige Zentimeter groß. Dort sieht man ihn oft mit Gämsheide, Loiseleuria procumbens.

Europäischer Siebenstern
Trientalis europaea

Eine heilige Blume

Da der Siebenstern häufig sieben Kronblätter hat, glaubte man früher, er sei heilig. Der Glaube, dass gerade die Zahl sieben heilig sei, entstand schon vor 3 000 Jahren: Die alten Griechen kannten nur sieben »Planeten«, nämliche jene, die man mit bloßem Auge sehen konnte. Das waren der Mond, Mars, Merkur, Jupiter, Venus, Saturn und die Sonne.

Ich weiß nicht, welche Eigenart der Blume es ist, die mit ihrer Schönheit das Auge blendet, sodass man fast verhext wird, wenn man sie sieht. Vielleicht liegt es an der Symmetrie, der Mutter aller Schönheit!

Carl v. Linné

Wusstest du, dass …

… man manchmal Siebensterne mit rosa Blüten finden kann?
… sie Besuch von kleinen Fliegen und Mücken bekommen, die sie bestäuben?
… es nur zwei Arten von Siebensternen auf der Welt gibt?

Siebenstern mit Frucht

Lateinisch *Trientalis europaea* L.
Der Name kann bedeuten »Der europäische Siebenstern, der zu Beginn der Dreifaltigkeitszeit blüht« (Monatswechsel Mai/Juni). Aber das Wort *trientalis* kann auch darauf hinweisen, dass die Blume oft ein Drittel Fuß hoch ist (ca. 10 cm).

Alte Namen
Früher wurde er häufig Sternrose, Waldblume, Moormädchen und Dreifaltigkeitsblume genannt.

Fußball der Winzlinge
Wenn die Pflanze ausgeblüht hat, kommen kleine graublaue Kugeln hervor, die seltsamerweise genau wie Fußbälle gemustert sind.

Goldenes Frauenhaarmoos mit hängen gebliebener Frucht des Siebensterns

Über das Pressen
Siebenstern zu pressen ist leicht. Er ist zart und fein und trocknet schnell.

Wann? *Mai bis Juli. Er blüht, wenn Buschwindröschen und andere Frühlingsblumen verblüht sind.*

Wo? *Wächst in Nadel- und Laubwald, aber auch auf Kahlschlägen, Bergheiden und an Ufern*

Tipp: *Kurz vor Mittsommer erblühen die Siebensterne in vielen Wäldern. Manchmal haben sie Gesellschaft von einer anderen weißen Blume, die Schattenblume heißt. Man kann sie nicht verwechseln. Letztere hat wuselige kleine Blüten und zwei grüne Blätter, die ein bisschen wie Herzen aussehen.*

Zweiblättrige Schattenblume
Maianthemum bifolium

Siebenstern
Trientalis europaea

Name:

Lateinischer Name:

Datum:

Fundort:

Eigene Beobachtungen:

Frauenmantel

Ich weine vor Freude.

Der Atem des Sommers

Vor langer Zeit galt der Frauenmantel als die geheimnisvollste Pflanze. Das kommt von den sonderbaren Tropfen, die morgens auf den Blättern liegen, rund und schimmernd wie echte Perlen. Wissenschaftler in alten Zeiten waren überzeugt, dass man mithilfe der Tropfen Gold herstellen könnte. Die schimmernden Tropfen bestehen nicht aus normalem Tau, sondern aus überschüssigem Wasser, das die Wurzeln aus der Erde gezogen haben. Sie saugen mehr auf, als die Pflanze braucht, aber tagsüber ist das nicht zu sehen, weil die Tropfen vom »Nachtwasser« schnell trocknen, wenn die Sonne aufgeht. Früher sagte man, es seien die Elfen, die das Wasser getrunken hätten.

Gemeiner Frauenmantel
Alchemilla vulgaris

Ein Kraut mit geheimen Kräften?

Ein Kraut mit magischer Kraft

Der Frauenmantel war bekannt als ein Wundermittel, mit dessen Hilfe der Mensch das allerflüchtigste Geschenk bewahren konnte, das ihm gegeben ist – seine Jugend. Frauen wuschen sich mit einem Wasser, in dem Frauenmantel gekocht worden war. Sie glaubten, dann würden ihre Gesichter glatt bleiben und ihre Körper ihre jugendliche Spannkraft bewahren.

Die Blüten des Frauenmantels

Die Blütenstände sind kleine gelbgrüne »Bürsten«, die man gar nicht richtig wahrnimmt. Viel eher sieht man die hübschen Blätter, mit oder ohne magische Tropfen. Die Samen des Frauenmantels entwickeln sich, ohne dass die Blüte bestäubt wurde. Deswegen sind keine lockenden Blüten für die Insekten nötig. Die neu entstandene Pflanze ist eine exakte Kopie der Mutterpflanze.

Tee trinken

Aus getrockneten Blättern des Frauenmantels und Blättern der Schlüsselblume kann man einen wohlschmeckenden Tee bereiten. Wenn man will, kann man auch etwas schwarzen oder grünen Tee hinzufügen.

Die Walduhr

Der Frauenmantel gehört zu den Gewächsen, die wie eine Uhr funktionieren. Er schließt seine Blätter in dem Moment, wenn die Sonne untergeht, und öffnet sie wieder bei Sonnenaufgang.

Alte Namen

Frauenhilf, Frauenrock, Herbstmantel, Liebfrauenmantel, Marienkraut, Milchkraut, Perlkraut, Regendachl, Taufänger, Taumantel

Großblättriger Frauenmantel

Blume der Frauen

Frauenmantel kann Menstruationsbeschwerden lindern und Krankheiten des Unterleibs heilen. Deshalb wurde er auch »bester Freund der Frauen« genannt.

Lateinisch *Alchemilla vulgaris* L.

Der Namen bedeutet übersetzt ungefähr »Gewöhnliches Alchemistenkraut«. Alchemisten waren die Chemiker früherer Zeit, und sie benutzten den Frauenmantel bei vielen verschiedenen Experimenten.

Wusstest du, dass …

… der Frauenmantel auf der Suche nach »dem Stein der Weisen« benutzt wurde, also jener »Ursubstanz«, von der man glaubte, dass aus ihr alle anderen Substanzen auf der Erde geschaffen worden waren?
… die Tropfen früher »Wasser des Himmels« genannt wurden?

Über das Pressen

Frauenmantel ist gepresst sehr hübsch. Du kannst die Blätter so anordnen, dass du Unter- und Oberseite siehst, oder die Pflanze ganz natürlich legen.

Wann? *Blüht im Juni und Juli, aber die Blätter gibt es während des ganzen Sommerhalbjahres.*

Wo? *Auf Wiesen, in Parks, Gärten und Laubwäldern. Ziemlich häufig an Wegrändern.*

Tipp: *In vielen Gartenbeeten wachsen riesige kultivierte Stauden.*

Name:

Lateinischer Name:

Datum:

Fundort:

Eigene Beobachtungen:

Margerite

Gib mir die Antwort der Götter: Wie wird mein Glück?

Magerwiesen-Margerite
Leucanthemum vulgare

Die Durchschnittblume

Die Margerite sieht aus wie die Mehrzahl aller Blumen. Sie gehört nämlich zur größten Pflanzenfamilie der Erde, zu den Korbblütlern. In dieser Familie haben alle Blüten runde Köpfe, und die Margerite ist ein typisches Familienmitglied. Eine richtige Durchschnittspflanze! Oder sieht sie vielleicht aus wie ein Spiegelei? Die weißen Blütenblätter werden Kelchblätter genannt. Ihre wichtigste Aufgabe besteht darin, Reklame zu machen, damit viele Insekten zu Besuch kommen. Das Gelb in der Mitte besteht aus vielen winzigen Blüten. Darin finden die Insekten den Nektar.

Wird von Tieren und Autoreifen ausgebreitet

Früher leuchteten die Wiesen weiß von Margeriten. Das war hübsch, aber vielleicht nicht nur gut. Denn Margeriten haben zähe Stängel und werden von Weidetieren verschmäht. Heutzutage wachsen Margeriten häufiger an Straßenrändern, an denen man die schönen Pflanzen aussät. Ihre kleinen Früchte (in denen der Samen steckt) sind ein wenig klebrig und verbreiten sich, indem sie in Tierfell oder an der Kleidung von Menschen hängen bleiben. Und an Autoreifen!

Folgsame Sonnenanbeterin

Manche Blumen reagieren empfindlicher als andere auf die Wanderung der Sonne am Himmel. Die Margerite gehört dazu. Sie folgt der Sonne den ganzen Tag und wendet ihr ihre eigene gelbe Sonne zu, sodass sie immer in die richtige Richtung schaut. Das kann ziemlich lustig wirken, wenn man ein ganzes Feld voller Margeriten sieht.

Eine Einwanderin

In vielen Ländern ist die Margerite eine klassische Einwanderin. Nach Amerika ist sie zum Beispiel gekommen, weil man dort Grassamen aus Europa kaufte und aussäte. Die Samen wurden auf Wildwiesen gesammelt, und auf die Weise gelangten viele Wiesenblumensamen in andere Länder.

Liebt mich, liebt mich nicht …

In vielen Ländern wurde die Margerite zum »Wahrsagen« benutzt. Bei heiklen (Liebes-)Angelegenheiten konnte man sie um Rat fragen. Die Antwort bekam man, indem man die weißen Zungenblüten abzupfte. Die erste antwortet Ja, die nächste Nein und so weiter. Die Antwort der letzten ist die »richtige« Antwort. Deshalb wird sie bei uns auch Wunschblume genannt.

Lateinisch *Leucanthemum vulgare* Lam.
Leucanthemum kommt von den griechischen Wörtern *leukos,* das weiß, und *anthemos,* das Blume bedeutet. *Vulgaris* kommt von dem lateinischen Wort *vulgus,* das gewöhnlich heißt. Lam. ist die Abkürzung für den Namen eines französischen Wissenschaftlers, Jean-Baptiste de Lamarck, der als Erster die Margerite beschrieb.

Alte Namen
Kragenblume, Blume der Liebe, Weißmädchen, Weißkraut, Weißes Ochsenauge

Wusstest du, dass …
… sie bei allen, die allergisch gegen Pollen sind, Beschwerden auslösen kann?
… die Familie der Korbblütler mit ca. 23 000 Arten die artenreichste ist?
… einige bekannte Verwandte Löwenzahn, Huflattich und Gänseblümchen sind?

Über das Pressen
Beim Pressen merkst du, dass die Margerite einen sehr kräftigen Stängel besitzt. Aber er ist leicht zu pressen. Drück den Stängel einfach mit etwas Kraft flach, wenn du ihn ganz pressen willst.

Wann? *Blüht von Ende Mai bis August*

Wo? *Gedeiht auf trockenem Wiesenboden und an Wegrändern*

Tipp: *Sie kann mit der Unechten Kamille verwechselt werden. Aber die Blätter der Kamille sehen aus wie Dillzweige. In Gärten und in Blumengeschäften gibt es viele kultivierte Margeriten.*

Geruchlose Margerite Tripleurospermum perforatum

Name:

Lateinischer Name:

Datum:

Fundort:

Eigene Beobachtungen:

Schmalblättriges Weidenröschen
Epilobium angustifolium

Weidenröschen

Ich liebe Ernst und Ruhe.

Augen der Erde

Man kann sich leicht in Weidenröschen verlieben. Die Blume ist so gegenwärtig, so lebendig mitten im Wald. Sie ist genauso groß wie ein kleiner Mensch und guckt dir sozusagen direkt in die Augen mit ihrem klaren purpurroten Blumenblick. Was will sie? Haben Blumen uns etwas zu sagen? Weidenröschen wachsen häufig in großen Gruppen. Wo der Wald gerodet wurde und neue Straßen oder Eisenbahnschienen gebaut wurden, dort wuchs bald ein neuer »Wald« aus diesen schönen Pflanzen. Als ob sie das Hässliche verdecken wollten, was Menschen in der Natur angerichtet haben. Nach dem Zweiten Weltkrieg, als große Städte wie London und Berlin in Schutt und Asche lagen, blühten plötzlich Millionen roter Weidenröschen in den Ruinen. Menschen, die das gesehen haben, werden es nie vergessen.

Fruchtstand

Hat massenhaft Samen

Eine einzige Pflanze kann 80 000 Samen produzieren. Aus dem Grund können Weidenröschen, dort wo sie Platz finden, ganz plötzlich in enormen Mengen auftauchen. Auf einem einzigen Quadratmeter im südwestlichen Schweden fand man 290 000 Samen in der Erde.

Mach dir einen Sommersalat

Die Weidenröschen gehören zu den essbaren Pflanzen in Wald und Feld. Man kann tatsächlich alles an der Pflanze essen. Wenn man die Blätter mit Blattsalat mischt und mit den Blüten garniert, bekommt man einen besonders hübschen Sommersalat.

Als Tee

Früher zählte das Weidenröschen zu den häufigsten wilden Teepflanzen. Aus den getrockneten Blättern kann man einen Kräutertee bereiten. Etwas schmackhafter wird er, wenn man Blätter von anderen essbaren Pflanzen daruntermischt und mit einer Prise grünem Tee würzt. Die Natur ist eine fantastische Vorratskammer, wenn man die Augen offenhält.

Wie ein Garten umgibt dieses Gewächs häufig die Hütten in den Wäldern mit ihren intensiv leuchtenden purpurroten Blüten.

Carl v. Linné

Im Frühling kann man die jungen Triebe pflücken und wie Spargel kochen.

Alte Namen

Für Weidenröschen gibt es viele alte Namen. Einige davon sind Himmelsgras, Trümmerblume, Stauden-Feuerkraut oder Waldschlag-Weidenröschen.

Lateinisch *Chamerion angustifolium* L.

Der Name *Epilobium* steht in etwa für: Kraut mit Schoten. *Angustifolium* bedeutet: mit schmalen Blättern. Daraus wird »Schotenkraut mit schmalen Blättern«.

Wusstest du, dass …

… man Kissen früher mit den weichen Samenhärchen ausstopfte?
… die Pflanze auf Englisch »fireweed« genannt wird, weil die Samen ein prima Zunder zum Feuermachen sind?

Liebling der Rehe

Rehe sind echte Feinschmecker, die sorgfältig unter den Kräutern der Natur wählen. Eine der Pflanzen, die sie am allerliebsten fressen, ist das Weidenröschen.

Eine Eisenbahnblume

In Schweden heißt die Pflanze auch »Gleisarbeiterrose«. Das kommt daher, weil sie massenhaft wuchs, als die Eisenbahnarbeiter Gleise durch Schweden legten. Die Pflanzen folgten ihnen durchs Land. Noch heute gedeihen Weidenröschen entlang der Bahngleise, aber auch an normalen Straßen.

Über das Pressen

Es wird schwierig, einen ganzen Stängel zu pressen. Knicke ihn vorsichtig zu einem V oder einem N. Oder schneide ihn ab. Die Blüten werden sehr hübsch. Manchmal wird die Farbe sogar noch intensiver und blauer!

Wann? *Blüht von Mittsommer im Juni bis Mitte August*

Wo? *Üblich an Wegen und Straßen, Kahlschlägen und auf Waldlichtungen. Gedeiht auch in Felsspalten und auf Steinmauern.*

Tipp: *Juli ist der beste Monat!*

Name:

Lateinischer Name:

Datum:

Fundort:

Eigene Beobachtungen:

Heckenrose

Ich liebe dich.

Vogesenrose, Rosa dumalis, mit rosa Blüten und weicheren Hagebutten

Zwei der gewöhnlichsten wilden Rosen

Hundsrose, Rosa canina, mit weißen Blüten und harten Hagebutten

Dornröschens Blume

Wilde Rosen sind die hübschesten (und stacheligsten!) Blumen, denen man im Sommer begegnen kann, wenn sie blühen und ihren wunderbaren Duft verströmen. Aber auch im Herbst, wenn die glänzenden Hagebutten in der Septembersonne leuchten, sehen sie herrlich aus. Heckenrosen wachsen meist auf sonnigen Wiesen oder an Wegrändern. Aber manchmal stehen sie mitten in dunklen Wäldern. Vielleicht hat es dort einmal eine Wiese gegeben? Eins unserer ältesten Märchen ist jenes von der Königstochter, die von einer bösen Fee in hundertjährigen Schlaf versetzt wurde. Während alle im Schloss schlafen, wächst ein mächtiges Wildrosengestrüpp empor und bedeckt es mit stacheligen Zweigen. Aber nach hundert Jahren verwandeln sich die Stacheln in blühende Rosen, und ein Prinz kann hinaufklettern und Dornröschen mit einem Kuss aufwecken.

Astrid Lindgren ist eine Rose

Es gibt ungefähr 15 000 (!) kultivierte Rosensorten. Es sind sehr elegante Pflanzen mit stolzen Namen wie Astrid Lindgren, Peace und Mozart. Aber alle stammen von wilden Heckenrosen ab, die still und leise in der Natur blühen.

Kartoffelrose, Rosa rugosa, mit roten Blüten und großen flachen, runden Hagebutten

Wusstest du, dass …

… am Meer Kartoffelrosen wachsen? Sie tragen größere runde oder plattrunde Hagebutten.
… alle Hagebutten essbar sind, auch die der kultivierten Rosen?
… Hagebutten für Marmelade benutzt werden?
… die duftenden Kronblätter gut im Salat und auf Butterbrot schmecken? Man kann sie auch trocknen und als Tee trinken.

Waldmäuse mögen Hagebutten

Einige Vögel und Waldmäuse lieben Hagebutten sehr. Grünfinken sammeln sich in Herbst und Winter in Scharen im Heckenrosengestrüpp. In der freien Natur klettern die Mäuse in den Büschen herum und tragen die Hagebutten im Maul nach Hause.

Hagebutten sind gesund

Früher waren Hagebutten ein verlässliches Mittel gegen Frühjahrsmüdigkeit. Da sie so viel Vitamin C enthalten (mehr als Apfelsinen), werden sie auch als Mittel gegen Erkältungen benutzt.

Schlafäpfel

An Rosenbüschen kann man häufig einen haarigen rötlichen Bausch sehen, den man Schlaf- oder Gallapfel nennt. Früher glaubte man, man werde gut schlafen, wenn man so einen Schlafapfel unter das Kopfkissen legte. (Dachte man vielleicht an Dornröschen?) Der Bausch wird von der Gallwespe verursacht, die ihre Eier in Rosenbüschen legt.

Schlafapfel

Apfelrose
Rosa rubiginosa

Rosen in der Blumensprache

Rote Rose: Ich liebe dich.
Weiße Rose: Ich bin unschuldig.
Gelbe Rose: Ich bin neidisch.
Kartoffelrose: Gar zu höflich zu sein, ist unhöflich.
Rosenstacheln: Obwohl es schmerzt, muss ich Nein sagen, ich bin schon einem anderen versprochen.
Entblätterte Rose: Mein Herz hängt immer noch so sehr an einem verstorbenen Freund, dass ich es keiner neuen Liebe auf Erden schenken kann.

Lateinisch *Rosa canina*

Rosa ist ein uralter Name der Rose. *Canina* stammt vom lateinischen »Hund«. Ihr Name wird also zu »Hundsrose«.

Alte Namen

Rosenholz, Rosenbusch, Waldrose, Hundsrose

Über das Pressen

Zum Pressen musst du einen ziemlich dünnen Zweig wählen. Vergiss nicht die hübschen grünen Blätter.

Wann? *Vogesenrosen blühen im Juni und Juli, Kartoffelrosen von Juni bis September.*

Wo? *Wachsen häufig auf Weideland und an Wegrändern, auf Uferwiesen und an Waldrändern*

Tipp: *In der Nähe von Seen oder am Meer findet man oft Kartoffelrosen.*

Heckenrose
»Glücksfund«
Rosa helenae

Mozart (Moschusrose)
Rosa moschata hybrid

Name:

Lateinischer Name:

Datum:

Fundort:

Eigene Beobachtungen:

Glockenblume

Verrate niemandem, nicht einmal mit einem Blick, was du weißt.

Schutzschirm der Hummeln

Wenn der Sommerwind die Wiesen streichelt, kann man die Glockenblumen läuten hören. Jedenfalls in der Welt der Märchen und Gedichte. Viele Schriftsteller haben den Vergleich mit den Glockenblumen benutzt, die auf den Wiesen läuten. Ganz leise natürlich. Vielleicht läuten sie allein für die Natur. Die kleine blaue Rundblättrige Glockenblume ist die wilde Glockenblume, die man häufig sieht. Das ist eine kecke kleine Pflanze, die eine Menge aushält. An vielen Straßenrändern bildet sie einen himmelblauen Saum, nur wenige Meter vom dröhnenden Autoverkehr entfernt. Die Insekten benutzen sie als Schirm. Hummeln und Fliegen suchen Schutz in ihr, wenn es regnet oder stürmt. Eine kleine Wildbiene übernachtet sogar in ihr. Sie heißt Scherenbiene und bestäubt die Blumen im Schlaf. Das klingt fast wie ein Märchen, wie so vieles in der Natur.

Rundblättrige Glockenblume
Campanula rotundifolia

Vielleicht war es die Glockenblume, die die Menschen auf die Idee für Kirchenglocken gebracht hat.

Eine große blaue Glockenblume

Die große blaue Pfirsichblättrige Glockenblume kommt nicht so häufig vor, ist aber sehr hübsch. Wenn man eine entdeckt, sollte man anhalten und sich Zeit nehmen, sie zu bewundern.

Wächst überall auf den Wiesen und schmückt die Ackerränder. Aus den Blüten wird eine grüne Farbsubstanz bereitet. Carl v. Linné

Eigene Hummeln für die Glockenblume

Hummeln fliegen oft blaue und gelbe Blüten an, denn diese Farben sehen sie am deutlichsten. Eine Hummel, die blaue Glockenblumen liebt, heißt Distelhummel. Eine Wildbiene, die die Blumen besucht, heißt Glockenblumen-Scherenbiene.

Legende über die Glockenblume

Ein Bischof musste eine Entscheidung treffen und bat Gott eines Abends, er möge ihm ein Zeichen geben. Da erhob sich ein schwacher Wind, und die Glockenblumen auf der Wiese begannen zu läuten. Um Gott zu danken, ließ er eine Glocke in der Kirche aufhängen.

Pfirsichblättrige Glockenblume
Campanula persicifolia

Wusstest du, dass …

… man früher glaubte, die Glockenblumen seien die Röcke der Elfen, die sie nach dem Tanz in der Nacht zum Trocknen aufgehängt hatten?

… man versuchte, Tinte aus Glockenblumen herzustellen, bevor es Kugelschreiber gab?

… es rund 300 wilde Glockenblumenarten auf der Erde gibt?

Wintersteher

Die Samen der Glockenblumen werden erst im Winter verbreitet. Die steifen Stängel sind stehen geblieben, und der Wind schüttelt die Samen heraus, die über den Schnee tanzen.

Lateinisch *Campanula rotundifolia* L.

Campanula bedeutet kleine Glocke. *Rotundifolia* setzt sich zusammen aus *rotundus* (rund) und *folium* (Blatt). Der volle Name bedeutet also »Kleine Glocke mit runden Blättern«.

Alte Namen

Halsschmerzglockenblume, Blauglöcklein oder Muttergottesglöcklein

Wintersteher der Rundblättrigen Glockenblume

Über das Pressen

Leider verlieren die Blüten beim Pressen oft ihre hübsche Farbe und werden weißlich. Man muss sich die richtige Farbe denken, wenn man sie anschaut.

Wann? *Blüht von Juli bis in den Herbst*

Wo? *Gedeiht auf trockenen Wiesen, an Wegrändern und ähnlichen Stellen*

Tipp: *Wenn du keine wilden Glockenblumen finden kannst, suche nach kultivierten Glockenblumen in Gärten.*

Wiesen-Glockenblume Campanula patula

Name:

Lateinischer Name:

Datum:

Fundort:

Eigene Beobachtungen:

Labkraut

Deine honigsüße Fülle verführt mich nicht.

Echtes Labkraut
Galium verum

In jedem Sommer sollte man einmal einen Stängel Labkraut pflücken, nur um daran zu riechen.

Die Blume des Jesuskindes

Es ist Hochsommer. Stille, warme Tage streichen vorbei, wenn die Natur aufatmet und sich einfach ausruht – ehe der Herbst mit Macht beginnt. Es ist die Zeit des Labkrauts. Man mag finden, dass es seltsam aussieht, ein bisschen unordentlich. Vergleiche es zum Beispiel mit der Margerite! Das Labkraut ist eine ganz freie Komposition – wie eine Wolke aus Zuckerwatte, gesponnen von den Strahlen der Sonne. Viele Blumen wetteifern darin, am feinsten zu duften. Aber das Labkraut ist eine Klasse für sich. Es bedeutet Hochsommer schlechthin. Schaut man genau hin, sieht man, dass die einzelnen Blüten winzig sind. Aber es sind sehr viele, und der liebliche Duft lockt massenhaft Bienen an. Ach, wenn man ihren Labkrauthonig kosten könnte. Es heißt, Jungfrau Maria habe das Jesuskind mit Labkraut zugedeckt. Das sollte man mit allen Sommerkindern tun.

Weißes Wiesen-Labkraut
Galium mollugo

Auf Festen streuen die Bauern Labkraut auf den Boden.
Carl v. Linné

Können Blumen Streit auslösen?

Früher glaubte man, dass es der starke Duft des Labkrauts sei, der auf Sommerfesten all die Streitereien auslöste. Deshalb wurde die Blume oft Verdrussgras genannt. Andere waren jedoch der Meinung, dass wohl der Branntwein, den die Gäste tranken, so viel Streit verursachte.

Darum ruhte Jesus auf Labkraut

Herrgottsstroh ist einer der üblichsten alten Namen. So wurde es genannt, weil Jungfrau Maria das Jesuskind in der Krippe auf Labkraut gebettet haben soll. Manchmal heißt es, der Grund dafür war, dass es die einzigen Kräuter waren, die die Esel zurückgelassen hatten. Esel mögen nämlich kein Labkraut.

Die Blume der Frauen

Früher legte man Labkraut ins Bett, wenn eine Frau gebären sollte. Man glaubte, der Duft würde die Entbindung erleichtern und Trolle und Hexen fernhalten.

Kletten-Labkraut
Galium aparine

Echtes Labkraut
Galium verum

Eine Blume, die aufmuntert

Früher legte man Labkraut zwischen die Seiten des Gesangbuchs, damit man während der Predigt des Pfarrers nicht einschlief.

Alter Glaube

Wenn das Labkraut besonders stark duftet, sind Regen und Sturm zu erwarten.

Alte Namen

Bettstroh, Bitterstielkraut, Butterstiel, Gelbes Käselab, Liebfrauenstroh, Magerkraut, Milchgerinnkraut, Grasstern, Wegstroh, Wundstillkraut, Herrgottsstroh

Lateinisch *Galium verum* L.

Galium kommt von dem griechischen Wort für Milch. Wenn man Käse herstellen wollte, seihte man sie durch Labkraut. Die Blüten unterstützten das Stocken der Milch. *Verum* bedeutet echt. Daraus wird »Echte Milchblume«.

Wusstest du, dass …

… die Pflanze in England dazu benutzt wurde, Käse besonders gelb zu färben?
… man glaubte, dass Kühe, die Labkraut fraßen, besonders viel Milch geben?
… die Blüten hübsch gelb und die Wurzeln rot färben?
… das Echte Labkraut das einzige Labkraut ist, das gelbe Blüten hat?

Über das Pressen

In der Presse legt sich das Labkraut fast ganz von selbst zurecht. Biege es vorsichtig, wenn nicht genug Platz ist. Es trocknet schnell und bewahrt seine Farbe ziemlich gut.

Wann? *Wächst auf trockenem, magerem und sonnigem Boden, an Wegsäumen und am Waldrand*

Wo? *Juni bis September*

Tipp: *Auch an Uferböschungen findet man häufig Labkraut.*

Name:

Lateinischer Name:

Datum:

Fundort:

Eigene Beobachtungen:

Lass Blumen sprechen

Wenn man ein Herbarium öffnet, ist es, als betrete man eine verzauberte Welt. Dort liegen all die Blumen fast so, als lebten sie noch. Ein Herbarium erzählt, welche Pflanzen es an einem bestimmten Ort gibt oder gegeben hat.

Früher mussten alle Schulkinder gepresste Pflanzen in einem eigenen Herbarium sammeln. Oft waren sie die ganzen Sommerferien damit beschäftigt. Damals waren wilde Blumen für die meisten Menschen sehr viel wichtiger als heute. Man lebte viel enger mit der Natur.

Carl von Linné, dem du in diesem Buch begegnest, war einer der größten schwedischen Wissenschaftler aller Zeiten. Im 18. Jahrhundert presste er viele Pflanzen. Ganze 18 000 Bogen mit Pflanzen sind erhalten. Und sie werden immer noch von Forschern auf der ganzen Welt benutzt.

Leg dir also ein eigenes Herbarium an. Bewahre so die Blumen deiner Umgebung, und lass sie von sich erzählen, vielleicht noch in 100 Jahren.

So funktioniert das Pressen

Klappe die hintere braune Umschlagseite auf und leg das gefaltete Zeitungspapier auf die linke Seite. Ordne die Pflanzen auf dem Papier an und falte es dann zusammen. Lege die ausgeklappte braune Seite darauf. Klappe das Buch vorsichtig zu. Lege mehrere schwere Bücher darauf. Je mehr und je schwerer, desto besser!

Einige Worte über die Pflanzenpresse

Presse ruhig mehrere Exemplare einer Pflanze, dann kannst du das schönste auswählen. Aber: Sei achtsam! Pflanzen sind am schönsten in der Natur. Und pflücke niemals Blumen in einem Naturschutzgebiet! Sei vorsichtig, wenn du eine Pflanze zum Pressen bereitlegst. Probiere so lange, bis du sicher bist, dass sie hübsch liegt. Ordne die Blätter und Blüten so an, dass sie deutlich zu sehen sind.
Am einfachsten geht es mit gewöhnlichem Zeitungspapier. Falte das Papier doppelt und schneide es in der Größe des Buches zurecht. Die Pflanze legst du dann zwischen die Zeitungsseiten. Sie saugen die Feuchtigkeit auf.
Man kann auch mehrere Pflanzenarten gleichzeitig pressen, indem man sie zwischen unterschiedlichen Papierseiten übereinanderlegt. Perfekt ist auch ein Telefonbuch!

Die Pflanzen müssen ungefähr zwei Wochen in der Presse liegen.
Zum Einkleben der Pflanze kann man einen Klebstift oder auch spezielle Klebestreifen benutzen, die Herbarklebestreifen heißen. Gewöhnliche Klebestreifen soll man nicht benutzen. Sie werden brüchig, vergilben und werden hässlich. Eine dritte Möglichkeit ist es, schmale Papierstreifen zu schneiden, sie an zwei Enden mit Klebstoff zu bestreichen und die Pflanze dahinterzuklemmen.

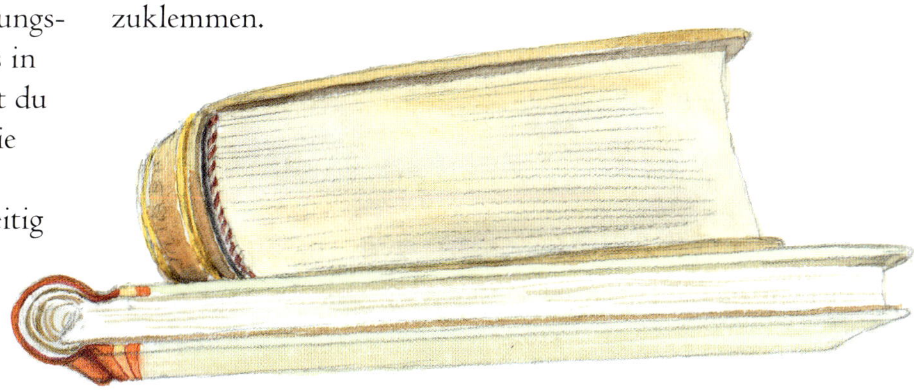

Begriffserklärungen

Art Pflanzen, die einander mehr oder weniger ähnlich sind und sich gemeinsam vermehren können, gehören zur selben Art.

Befruchtung Wenn Pollen einer Pflanze auf dem Stempel (weiblicher Teil) einer gleichen Blume landen, wachsen Fäden zu den Samen in der Samenanlage der Pflanze. Durch die Fäden werden Spermakerne (Samenzellen) geschickt, die jeder eine Eizelle befruchten. Jetzt können sich Samen bilden.

Bestäubung So nennt man den Vorgang, bei dem Pollen vom Ständer (männlicher Teil der Pflanze) zum Stempel (weiblicher Teil) gebracht wird. Wenn die Blumen groß sind, gut riechen und Nektar enthalten, besorgen Insekten die Bestäubung. Wenn die Blumen klein sind, haben die Ständer sehr lange Stiele und buschige Kennzeichenlappen am Stempel, dann überträgt der Wind die Pollen. Wenn eine Blume bestäubt ist, kann sie befruchtet werden (siehe Befruchtung).

Blütenblatt Blätter, die groß und schön sind, um Insekten anzulocken. Bei Korbblütlern sitzen sie am Außenrand um den Blütenkorb.

Blütenkorb Viele Korbblütler haben einen Blütenkorb. Er besteht aus vielen kleinen Blüten, die dicht beieinandersitzen. Gewöhnlich ist er gelb oder braun.

Botaniker Ein Experte für Pflanzen

Fiederblatt Häufig sind es Blätter, die in kleinere aufgeteilt sind. Das Blatt kann paarblättrig sein, sodass die Fiederblätter paarweise am Stiel sitzen oder so gefingert sind, dass alle Fiederblätter am selben Punkt sitzen. Beim Weißklee bestehen alle Blätter aus drei Fiederblättern.

Frucht So wird der Teil einer Pflanze genannt, der ihre Samen enthält. Die Frucht ist eigentlich der Samenbeutel der Pflanze, aber sie hilft auch, die Samen zu verbreiten.

Korbblütler Die größte Pflanzenfamilie auf der Erde. Die Pflanzen haben einen runden Blütenkorb, umgeben von einem Ring mit Kelchblüten. Huflattich, Gänseblümchen, Löwenzahn und Margerite gehören dazu.

Kronblätter sind die weißen oder farbigen Blätter, die die eigentliche Blüte bilden. Sie bilden die Krone der Blume. Darunter sitzen grüne Kelchblätter, die das Futter bilden. Wenn Kronblatt und Kelchblatt gleich aussehen, wie zum Beispiel beim Gelbstern, werden sie Kelchblatt genannt.

Nektar Ein süßer Saft, den viele Blüten enthalten. Er ist für die Ernährung von Insekten wichtig. Aus dem Nektar machen Hummeln und Bienen Honig.

Stickstoff Eines der wichtigsten Spurenelemente für Leben auf unserem Planeten. Stickstoff gibt es vor allen Dingen in der Luft. In der Erde gibt es ziemlich wenig davon. Einige Pflanzen, zum Beispiel der Weißklee, leben zusammen mit Bakterien, die bewirken, dass sie sich Stickstoff aus der Luft holen können.

Moosglöckchen
Linnaea borealis L.

Manchmal steht ein L. hinter dem wissenschaftlichen Namen. Es zeigt, dass Linné der Erste war, der die Pflanze beschrieben hat. Heutzutage wird der Name nicht mehr so häufig angegeben.

Über Carl von Linné

Carl von Linné wird auch König der Blumen genannt. Er wurde im Mai 1707 in Småland in Schweden geboren. Seine Mutter hieß Christina. Der Vater hieß Nils und war Pfarrer. Eigentlich sollte Carl auch Pfarrer werden. Aber er war schlecht in der Schule, und sein Lehrer war der Meinung, er sollte nicht studieren.

Auf dem Hof der Familie gab es einen sehr schönen Garten, und schon als Kind hatte Carl Blumen gern. Statt ein Studium der Theologie zu beginnen, studierte er die Natur. Als er sein Studium beendete, wurde er Arzt.

Jetzt begann er, in verschiedene Teile Schwedens zu reisen. Er studierte die Natur und sah, wie die Pflanzen genutzt wurden. Aber sie hatten überall verschiedene Namen. Linné dachte sich eine geniale Art aus, die Pflanzen zu ordnen. Schon als Kind hatte er die Blumen im Garten mit einem Vergrößerungsglas betrachtet. Er hatte gesehen, dass ihre Geschlechtsorgane, die Staubblätter und die Stempel, bei den verschiedenen Blumen sehr unterschiedlich waren. Indem er Staubblätter und Stempel zählte, teilte er alle Gewächse der Welt in Arten, Gattungen, Familien, Klassen und Ordnungen ein. Das beschrieb er in seinem Buch »Systema naturae«. Es erschien 1735, als er gerade 28 Jahre alt war, und es machte ihn weltberühmt. Später wurde er durch eine weitere große Leistung sehr berühmt. Er gab allen Pflanzen zwei lateinische Namen. Der erste Name sagt, zu welcher Familie die Pflanze gehört. Der zweite ist der eigene Artenname. Die Blume, die Linné selbst am liebsten hatte, taufte er Linnea und auf Lateinisch *Linnaea borealis*, das Moosglöckchen.

Linnés Namensystem (das »binäre Nomenklaturregeln« genannt wird) wird heute noch auf der ganzen Welt genutzt.